L'ARMÉE
DE
VERSAILLES

IMPRIMERIE TOINON ET Cᵉ, A SAINT-GERMAIN.

L'ARMÉE DE VERSAILLES

DEPUIS SA FORMATION

JUSQU'A LA COMPLÈTE PACIFICATION DE PARIS

PAR

LE MARÉCHAL DE MAC-MAHON

DUC DE MAGENTA

COMMANDANT EN CHEF

Rapport officiel avec une Carte exécutée au dépôt de la guerre
D'APRÈS LES LEVÉS DES OFFICIERS DU CORPS D'ÉTAT-MAJOR
POUR SERVIR A L'INTELLIGENCE DES OPÉRATIONS MILITAIRES

DEUXIÈME ÉDITION

PARIS
A. GHIO, ÉDITEUR
QUAI DES GRANDS-AUGUSTINS, 41

1872

L'ARMÉE DE VERSAILLES

L'armée destinée à faire le siége de Paris a été créée par décret du chef du Pouvoir exécutif, du 6 avril.

Création de l'armée. 6 avril 1871.

Lors de sa formation, elle comprenait : l'armée de Versailles proprement dite, composée de trois corps d'armée, sous les ordres du maréchal de Mac-Mahon, et l'armée de réserve, sous les ordres du général Vinoy.

Les 1er et 2e corps, ainsi que l'armée de réserve, comptaient chacun trois divisions d'infanterie et une brigade de cavalerie légère ; deux batteries d'artillerie et une compagnie du génie étaient attachées à chaque division ; deux batteries à balles et deux batteries de 12 formaient la réserve d'artillerie de chacun de ces corps.

Le 3e corps, entièrement composé de cavalerie, comprenait trois divisions, à chacune desquelles était attachée une batterie à cheval.

La réserve générale de l'armée comprenait dix batteries et deux compagnies du génie.

L'armée, ainsi constituée, est placée, pour les opérations de siége, sous le commandement en chef du maréchal ; elle commence ses opérations le 11 avril.

Commencement des opérations. 11 avril 1871.

A ce moment, Paris et les forts du Sud étaient au pouvoir de l'insurrection ; seul, le Mont-Valérien restait entre nos mains. Les troupes réunies à Versailles, sous les ordres du général Vinoy, avaient occupé, dans les premiers jours d'avril, les positions de Châtillon, Clamart, Meudon, Sèvres et Saint-Cloud, ainsi que celles de Courbevoie et de la tête du pont de Neuilly, sur la rive droite.

Telles étaient les positions respectives, lorsque, le 11 avril, le maréchal de Mac-Mahon, commandant en chef, indique à chacun des corps les emplacements à occuper et les dispositions à prendre.

Le 2e corps, sous les ordres du général de Cissey, est chargé des attaques de droite ; il s'établit à Châtillon, Plessis-Piquet, Villa-Coublay et dans les villages en arrière sur la Bièvre.

Le 1er corps, sous le commandement du général Ladmirault, est chargé des attaques de gauche. La division de Maud'huy occupe Courbevoie et la tête du pont de Neuilly ; la division Montaudon, Rueil et Nanterre ; la division Grenier campe à Villeneuve-l'Étang.

La division occupant Courbevoie et la tête du pont de Neuilly devait être relevée tous les quatre jours par l'une des deux autres divisions du corps.

L'armée de réserve, commandée par le général Vinoy, fournit deux divisions en première ligne ; l'une d'elles occupe Clamart, Meudon et Bellevue ; l'autre, Sèvres et Saint-Cloud ; une troisième reste en réserve à Versailles.

Le 3e corps, sous les ordres du général du Barail, est chargé de couvrir l'armée sur la droite. Il doit occuper Juvisy, Longjumeau, Palaiseau et Verrières, poussant ses avant-postes en avant de la route de Versailles, à Choisy-le-Roi.

Le plan d'attaque consistait à s'emparer du Point-du-Jour. L'enceinte bastionnée au sud de Paris, depuis la porte Maillot jusqu'à la porte de Gentilly, se développe sur deux longues lignes droites et n'offre, en réalité, qu'un saillant abordable, le Point-du-Jour; mais couvert en avant par le fort d'Issy, il était nécessaire de s'emparer de ce fort avant de commencer les travaux d'approche vers l'enceinte.

Plan d'attaque.

Par suite, le 2e corps (général de Cissey) doit s'avancer en cheminant vers le fort d'Issy, pendant que le 1er corps (général Ladmirault) s'établira fortement à gauche et s'emparera de toute la rive gauche de la Seine jusqu'à Asnières.

Dès le 12 avril, le corps de Cissey commence les travaux de tranchée et l'établissement de nouvelles batteries sur le plateau de Châtillon; le général Charlemagne, commandant la brigade de cavalerie du 2e corps, fait couper à la hauteur de Juvisy le chemin de fer d'Orléans et la ligne télégraphique, et intercepte ainsi toute communication entre Paris et le Sud.

12 avril 1871.

Le corps Ladmirault gagne, dès le premier jour, du terrain en avant de Neuilly, et s'empare du village de Colombes. Le 14 avril, les maisons occupées par les insurgés au nord de Courbevoie sont attaquées, la redoute de Gennevilliers est enlevée et une reconnaissance est poussée jusque devant le château de Bécon dont la possession est importante afin de permettre l'établissement de batteries destinées à combattre celles de Clichy et d'Asnières.

Prise du château
de Bécon.
17 avril 1871.

Le 17, le château de Bécon est brillamment enlevé par le 36ᵉ de marche (brigade Lefebvre); le parc est mis en état de défense et des batteries sont immédiatement construites. Le lendemain, le 36ᵉ, continuant son mouvement en avant, déloge les insurgés de toutes les maisons qui bordent la route d'Asnières et s'empare de la gare où il s'établit solidement.

Le village de Bois-Colombes est en même temps enlevé par le 1ᵉʳ régiment de gendarmerie (colonel Grémelin), secondé par un bataillon du 72ᵉ de marche (brigade Pradier).

Par suite de ces coups de main, l'insurrection se trouve définitivement confinée sur la rive droite dans cette partie de nos attaques, et le corps Ladmirault reste, dès lors, sur la défensive, sans chercher à gagner du terrain en avant, si ce n'est pour s'emparer, dans Neuilly, de quelques îlots de maisons nécessaires à la protection de notre ligne de défense.

A la droite, le corps de Cissey s'avance vers le fort d'Issy, en établissant des parallèles entre Clamart et Châtillon. Les insurgés prononcent journellement contre nos tranchées des mouvements offensifs qui sont vigoureusement repoussés.

Occupation de
Bagneux.
20 avril 1871.

Les travaux de tranchée, et la construction d'une série de batteries établies sur les crêtes à Châtillon, Meudon et Bellevue, absorbent la période du 11 au 25 avril, signalée seulement par l'occupation de Bagneux enlevé aux insurgés le 20, et mis en état de défense.

Pendant ce temps, les 4ᵉ et 5ᵉ corps d'armée sont créés par décision du 23 avril, et comprennent chacun deux divisions formées principalement d'éléments rentrant des prisons de l'ennemi. Ils sont placés sous le commandement des généraux Douay et Clinchant, et doivent prochainement prendre part aux travaux de siége.

Le 25, les batteries des attaques de droite ouvrent leur feu ; les batteries de Breteuil, de Brimborion, de Meudon, de Châtillon et du Moulin-de-Pierre couvrent le fort d'Issy de leurs obus, et la batterie entre Bagneux et Châtillon tire sur le fort de Vanves. Ces deux forts, puissamment armés, répondent vigoureusement, ainsi que l'enceinte et le Point-du-Jour. Une carrière, près du cimetière d'Issy, est enlevée aux insurgés, et une tranchée est creusée le long de la route de Clamart aux Moulineaux pour dominer ce dernier village. *25 avril 1871.*

A ce moment, le projet est arrêté de poursuivre les travaux d'approche, à droite et à gauche du fort d'Issy, afin de le déborder sur deux côtés et de l'isoler autant que possible. Dans ce but, il est nécessaire de s'emparer du village des Moulineaux, poste avancé des insurgés, qui inquiète nos approches. Cette opération est exécutée, dans la soirée du 26, par des troupes du 35ᵉ et du 110ᵉ de ligne (division Faron), du corps Vinoy. Le village des Moulineaux, attaqué avec vigueur, est vaillamment enlevé. Les journées des 27 et 28 sont consacrées à s'y fortifier, en même temps qu'une seconde parallèle est établie entre les Moulineaux et le chemin dit la Voie-Verte, à 300 mètres environ des glacis du fort. Des cheminements sont poussés en même temps en avant, dans la direction de la gare de Clamart. *Occupation des Moulineaux. 26 avril 1871.*

L'occupation des Moulineaux nous permet de déboucher sur les positions que les insurgés possèdent encore à l'ouest du fort, tant sur le plateau, au cimetière, que sur les pentes, dans le parc, en avant du village d'Issy.

Ces positions sont fortement retranchées par l'ennemi

qui s'abrite derrière des épaulements, des maisons et des murs crénelés, dirigeant sur nos troupes une fusillade incessante.

Occupation du cimetière et du parc d'Issy. 29 avril 1871.

Le 29, dans la soirée, le cimetière, les tranchées et le parc d'Issy sont enlevés par le concours de trois colonnes composées de bataillons des brigades Derroja, Berthe et Paturel.

L'action préparée par une violente canonnade est menée avec vigueur ; le cimetière est enlevé à la baïonnette sans tirer un coup de fusil ; les tranchées qui relient le cimetière au parc, abordées avec élan, tombent en notre pouvoir, pendant que les troupes de la brigade Paturel s'emparent vaillamment de formidables barricades armées de mitrailleuses, et pénètrent dans le parc d'Issy où elles refoulent les insurgés.

Nos pertes sont minimes ; l'ennemi a un grand nombre de tués et laisse entre nos mains un certain nombre de prisonniers et 8 pièces d'artillerie.

A la même heure, une reconnaissance, vigoureusement exécutée par deux compagnies du 70ᵉ de marche, s'empare de la ferme Bonamy, située à 500 mètres du fort de Vanves, tue 30 insurgés et fait 75 prisonniers.

Afin de profiter de la panique éprouvée par les insurgés, dans la nuit du 29 avril, à la suite de la prise du cimetière et du parc d'Issy, un parlementaire est envoyé au fort d'Issy, dans la soirée du 30, pour sommer la garnison de se rendre. La promesse faite aux insurgés d'avoir la vie sauve semble les rendre accessibles aux propositions ; mais, la nuit arrivant, le parlementaire est obligé de rentrer dans nos lignes.

1ᵉʳ mai 1871.

Dans la matinée du 1ᵉʳ mai, la sommation de rendre

le fort est renouvelée, mais, pendant la nuit, les insurgés avaient reçu du renfort avec le prétendu général Eudes, qui avait pris le commandement du fort, et qui refuse toute proposition de se rendre.

Les travaux du siège et le tir des batteries, un moment suspendus, sont immédiatement repris.

Afin d'aborder le fort par la droite et par la gauche, les troupes de la 1re division de l'armée de réserve (général Faron) exécutent deux attaques vigoureuses, l'une sur la gare de Clamart, et l'autre sur le château d'Issy. Ces deux mouvements, opérés avec beaucoup de sang-froid et d'entrain par le 22e bataillon de chasseurs, le 35e et le 42e de ligne, réussissent complétement sans grandes pertes, relativement à celles des insurgés.

Les positions conquises donnent la possibilité d'inquiéter l'entrée du fort; le château est immédiatement relié avec les travaux en arrière; toutefois, le feu convergent des forts d'Issy et de Vanves et des maisons en avant empêche l'occupation définitive de la gare.

Dans la même nuit, un coup de main hardi était exécuté à l'extrême droite par 1,200 hommes de la 3e division (général Lacretelle), qui se portaient sur les ouvrages en avant de Villejuif, tuaient 250 insurgés dans la redoute du Moulin-Saquet, et ramenaient 300 prisonniers et 8 pièces de canon.

Coup de m
sur le
Moulin-Saq
3 mai 187

Cependant ces attaques de jour et de nuit, et les travaux de tranchée, fatiguent les troupes commandées par le général de Cissey; afin de les soulager, le 5e corps (général Clinchant), qui s'organisait au camp de Satory, reçoit l'ordre de prendre part aux travaux de siège ; il s'établit à la droite et en arrière du 2e corps.

Occupation de la gare de Clamart.
5 mai 1871.

Le 5, une opération de nuit menée avec vigueur par deux compagnies du 17ᵉ bataillon de chasseurs, 240 marins et le 2ᵉ régiment provisoire permet d'occuper la gare de Clamart, le passage voûté du chemin de fer, ainsi qu'un redan qui forme le point central des communications entre les forts d'Issy et de Vanves.

Les jours suivants sont employés à consolider les positions conquises, approfondir les tranchées, et à cheminer vers l'église d'Issy à travers les rues du village.

A ce moment, les batteries destinées à protéger les attaques de droite étaient celles de Bellevue, de Meudon, du Chalet de Fleury, des Moulineaux, du phare du château d'Issy, du Moulin-de-Pierre, du plateau de Châtillon et de Bagneux. Ces batteries, armées de 70 pièces de canon, écrasent de leurs projectiles les forts d'Issy et de Vanves et communiquent le feu à leurs bâtiments.

Occupation de l'église d'Issy.
8 mai 1871.

Pendant la nuit du 8 mai, l'église d'Issy ainsi que l'extrémité du parc des aliénés sont occupés de manière à fermer les abords du fort. Une reconnaissance est en même temps poussée dans les fossés du fort de Vanves et la tête de ses communications souterraines est occupée.

Occupation du fort d'Issy.
9 mai 1871.

Dans la matinée du 9, l'investissement du fort d'Issy est complet; le fort est muet. Une reconnaissance faite par une compagnie du 38ᵉ de marche s'avance jusque sur le glacis et, ne rencontrant aucun défenseur, pénètre dans l'intérieur. Le fort se trouvait évacué; il est immédiatement occupé.

Pendant qu'à la droite une suite de coups de main avaient amené l'investissement et la reddition du fort d'Issy, au centre, une grande batterie de 70 pièces de marine destinée à contre-battre l'artillerie de la place au Point-du-Jour, à rendre intenables les portes de Saint-Cloud et de Passy, et à enfiler les premiers bastions de la rive gauche, avait été construite sur les hauteurs de Montretout, et avait ouvert son feu sur le Point-du-Jour, dès le 8 mai.

Le 4ᵉ corps (général Douai) avait pris son bivouac le 5 mai, à Villeneuve-l'Étang, et se préparait à pousser ses attaques sur le Point-du-Jour; la division Vergé de l'armée de réserve (général Vinoy), placée sous les ordres du général Douay, pour concourir aux travaux du siége, occupait Sèvres et Saint-Cloud.

Occupation de Sèvres et de Saint-Cloud.

Dans la nuit du 8 au 9, huit bataillons des divisions Berthaut (corps Douay), et Vergé (corps Vinoy), franchissent la Seine et entament une parallèle de 1,500 mètres de longueur, depuis la Seine au pont Billancourt, jusqu'au quartier des Princes, en avant du village de Boulogne.

Les attaques de droite et de gauche marchent alors parallèlement. L'attaque de droite est dirigée contre le fort de Vanves, vers lequel on chemine, pour investir le fort par la gorge. L'attaque de gauche s'avance dans le bois de Boulogne, et embrasse bientôt toute la partie d'enceinte comprise entre la Seine et la porte de la Muette.

Sur la droite, une habile opération est exécutée dans la nuit du 9 au 10 mai contre les barricades situées en avant de Bourg-la-Reine, par cinq compagnies du 114ᵉ de ligne, sous la direction du général Osmont.

Prise des barricades en avant de Bourg-la-Reine.

Les deux colonnes chargées de faire ce coup de main, parties de Bourg-la-Reine et de Bagneux, s'avancent vers Cachan, de manière à prendre les barricades à revers ; aussitôt qu'elles ont fait leur jonction, elles escaladent les tranchées et se précipitent sur les barricades qui sont successivement enlevées avec un élan remarquable ; nos pertes sont minimes, celles des insurgés sont d'une cinquantaine de morts et de 41 prisonniers.

<small>Occupation du village de Vanves.</small>

En même temps, le 35° de ligne (division Faron) occupait le village de Vanves, et les gardes de tranchée s'emparaient de l'embranchement du chemin de Vanves au fort avec la route stratégique ; une place d'armes est établie aussitôt en ce point. Dans la même nuit, un pont est jeté sur la Seine à l'île Saint-Germain (Billancourt), pour permettre la construction d'une batterie destinée à contre-battre les canonnières des insurgés embossées sous le pont-viaduc du Point-du-Jour.

Dans la journée du 12, les avant-postes du 2° corps continuent à gagner du terrain en avant.

A midi, les troupes du général Osmont occupent les maisons situées au point où la route stratégique rencontre la route de Châtillon à Montrouge, et empêchent ainsi toute communication entre les forts de Vanves et de Montrouge.

<small>Prise du couvent des Oiseaux et du séminaire d'Issy. 12 mai 1871.</small>

Quelques heures plus tard, un bataillon du 46° de marche (brigade Bocher) enlève à la baïonnette une forte barricade dans le village d'Issy ainsi que le couvent des Oiseaux et le séminaire.

Cette attaque, brillamment exécutée, avait jeté un tel effroi parmi les insurgés, qu'ils abandonnent successivement, dans la soirée, toutes les parties du village qu'ils occupaient encore, et, dans la nuit, nos troupes s'établissent dans l'hospice des Petits-Ménages et le lycée Louis-le-Grand.

Les travailleurs de tranchée ouvrent aussitôt une parallèle entre l'hospice et la Seine, ainsi qu'une tranchée pour envelopper la gorge du fort de Vanves.

La batterie établie dans l'île Saint-Germain est démasquée, et force, en deux heures, les canonnières à remonter la Seine.

Les reconnaissances faites le 12 et le 13 mai sur le fort de Vanves avaient permis de constater qu'il était encore occupé.

Dans la nuit du 13, le général Noël, renseigné par quelques insurgés, donne l'ordre de tenter l'entrée du fort.

Tandis que le génie fait ses préparatifs, le capitaine commandant la compagnie auxiliaire du 71ᵉ de marche, devançant les ordres, entre dans le fort qu'il trouve inoccupé. On en prend immédiatement possession, et toutes les précautions sont prises aussitôt pour empêcher les explosions préparées.

Occupa[tion] du fort de V[anves] 13 mai

Tandis qu'à la suite de combats journaliers, les troupes de l'attaque de droite portaient leurs cheminements à quelques centaines de mètres de la place et se rendaient maîtresses du fort de Vanves, celles du corps Douay, à la gauche, prolongeaient leurs tranchées jusque derrière les buttes Montmartre.

Le 5ᵉ corps (général Clinchant) franchissait la Seine, le 13 mai, s'établissait à Longchamp, et ouvrait une parallèle en arrière des lacs du bois de Boulogne jusqu'à hauteur de la porte de la Muette.

Dans la nuit du 13, des places d'armes étaient construites à 200 mètres de la contrescarpe des bastions, des batteries établies aux extrémités des lacs, et des embuscades dans leurs îles.

Pendant tout ce temps, le 1ᵉʳ corps reste sur la défensive à Neuilly et Asnières où la canonnade et la fusillade sont journalières et continues.

A l'extrême droite, la cavalerie, qui occupe toujours, par ses avant-postes, Fresnes, Rungis et la Belle-Épine, fouille les villages, tiraille avec les insurgés, et fait une série de démonstrations qui facilitent les opérations et les coups de main des troupes qui attaquent les forts d'Issy et de Vanves.

Après la prise du fort de Vanves, les travaux du siége sont poursuivis avec la plus grande activité.

Les attaques de droite, s'appuyant aux deux forts conquis, cheminent entre le petit Vanves et la Seine, menaçant les portes de Sèvres et d'Issy.

Le principal fait d'armes est exécuté le 18, par deux colones composées de troupes du 82ᵉ de marche et du 114ᵉ de ligne, précédées de quelques éclaireurs du 113ᵉ de ligne.

e du moulin de Cachan. 8 mai 1871.

Ces colonnes enlèvent brillamment, sous la direction du général Osmont, deux barricades en avant de Bourg-la-Reine, ainsi que le moulin de Cachan, tuant une centaine d'insurgés et ramenant 48 prisonniers.

Les attaques de gauche, des corps Douay et Clinchant, s'avancent sous la protection des batteries de Montretout et du Mont-Valérien pour couronner le chemin couvert et construire les batteries de brèche.

A l'extrême gauche, des batteries destinées à contrebattre celles des insurgés étaient construites au château de Bécon, sur la voie ferrée, dans la redoute de Gennevilliers et dans l'île de la Grande-Jatte.

A l'extrême droite, la cavalerie fait des reconnaissances journalières et continue ses démonstrations.

Les insurgés, pressentant que tout se prépare pour l'assaut de l'enceinte, redoublent leur feu par intervalle. Dans la nuit du 18 au 19, il est très-actif sur les travaux de la rive gauche; et, sur la rive droite, leur tir, guidé par la lumière électrique, rend impossible toute poursuite des couronnements du chemin couvert aux portes d'Auteuil et de Passy.

Cependant les batteries de brèche sont établies et armées, et le 20, à une heure, elles ouvrent leur feu, tandis que toutes les batteries en arrière et les canons du Mont-Valérien écrasent l'enceinte de leurs projectiles. Les travaux sont en même temps poussés activement vers les glacis. Le feu de la place ne répond que faiblement sur le lycée de Vanves.

Le feu des batteries de brèche, qui avait cessé le 20, à huit heures du soir, reprend dès le matin avec la même énergie. Les canons du Mont-Valérien, les batteries de Montretout et toutes les batteries de Boulogne, Issy et Vanves, dirigent sur la place un feu tellement violent que l'enceinte ne répond que faiblement.

Les travaux sont poussés avec la plus grande activité, on élargit les cheminements pour les colonnes d'attaque. Le commandant en chef a déjà prescrit les dispositions générales pour l'assaut, qui sera donné le 22 ou le 23. Tout se prépare pour ce grand acte, lorsque le maréchal est informé par le général Douay, commandant les attaques de droite de la rive droite (4ᵉ corps, divisions Berthaut et L'Hérillier, et division Vergé de l'armée de réserve), que les gardes de tranchée entraient dans Paris par la porte de Saint-Cloud.

En effet, M. Ducatel, piqueur des ponts et chaussées, avait reconnu que les insurgés, exposés au feu de nos batteries, avaient abandonné le Point-du-Jour, et que la porte de Saint-Cloud était libre; il en avait donné avis aux gardes de tranchée.

Surprise la porte de Saint-Cloud. 4 mai 1871.

Deux compagnies du 37ᵉ de ligne (division Vergé), quelques sapeurs et quelques artilleurs portant des mortiers de quinze centimètres, pénètrent aussitôt, un par un, dans la place. La fusillade s'engage; une pièce de douze est retournée contre les insurgés, pendant qu'on établit une passerelle sur les débris du pont-levis. Les gardes de tranchée et les travailleurs sont amenés en grande hâte pour soutenir le combat.

Le maréchal commandant en chef, qui se trouvait en ce moment au Mont-Valérien, donne immédiatement connaissance à tous les commandants de corps d'armée de la surprise de la porte de Saint-Cloud, et prescrit au général Clinchant, commandant l'attaque de gauche de la rive gauche (5ᵉ corps), au général Ladmirault, commandant le 1ᵉʳ corps et au général Vinoy, commandant l'armée de réserve, de faire les dispositions nécessaires pour entrer dans la place à la suite du corps du général Douay; il porte son quartier général à Boulogne.

Le général Berthaut, commandant la 1ʳᵉ division du 4ᵉ corps, suit les deux compagnies du 37ᵉ entrées les premières dans la place. La brigade Gandil, de cette division, y pénètre à six heures et demie, suivie de près par la brigade Carteret. Le général Berthaut avait pour mission de s'emparer du quadrilatère formé par les bastions 62 à 67, la Seine et le viaduc du chemin de fer de Ceinture, position importante qui constitue, dans l'intérieur des murs, une excellente place d'armes.

Cette opération s'exécute en longeant les fortifications par le boulevard Murat, de manière à tourner les défenses du pont-viaduc qui font face au Point-du-Jour, et à s'emparer de la porte d'Auteuil, pour donner accès à d'autres colonnes.

La division Vergé entre dans Paris à sept heures et demie et se dirige, par la route de Versailles, vers le pont de Grenelle.

Les divisions Berthaut et L'Hérillier (4ᵉ corps), après s'être emparées de la porte d'Auteuil et du viaduc du chemin de fer, se portent en avant pour attaquer la seconde ligne de défense des insurgés située entre la Muette et la rue Guillon. Elles s'emparent de l'asile Sainte-Périne, de l'église et de la place d'Auteuil.

Prise du Trocadéro.

La division Vergé, sur leur droite, enlève une formidable barricade qui se trouvait sur le quai, à hauteur de la rue Guillon, puis se porte sur la forte position du Trocadéro qu'elle enlève, et y prend position, en y faisant 1,500 prisonniers,

De son côté, le général Clinchant entre dans la place vers neuf heures du soir, par la porte de Saint-Cloud, avec la brigade Blot, suivie de la brigade Brauer, tourne à gauche, et, suivant les boulevards Murat et Suchet, arrive à hauteur de la porte d'Auteuil; il dégage cette porte et permet ainsi à la brigade Cottret d'y pénétrer.

Le général Clinchant continue alors son mouvement, le long des remparts par la route militaire, et s'empare de la porte de Passy. La brigade de Courcy entre dans la place par cette porte.

La position importante du château de la Muette, dont les défenses s'appuient aux remparts et se prolongent vers la Seine, devient l'objectif du général Clinchant.

Prise du château de la Muette. Défendue par des fossés, des murs, des grilles, des batteries, elle était presque inattaquable du côté des remparts. Le général se porte vers l'est, la tourne et l'enlève.

Pendant ce temps, les divisions Grenier et Laveaucoupet, du 1er corps, se dirigent sur le bois de Boulogne et pénètrent dans la place dès trois heures du matin, par les portes d'Auteuil et de Passy, la 3e division (général Montaudon) gardant ses positions de Neuilly et d'Asnières.

Les divisions Bruat et Faron, de l'armée du général Vinoy, étaient entrées dans Paris à deux heures du matin. La division Faron s'établit en réserve à Passy, la division Bruat a pour mission de franchir la Seine et d'enlever la porte de Sèvres, pour faciliter l'entrée du 2e corps; la brigade Bernard de Seigneurens, de cette division, traverse à cet effet le pont-viaduc. Elle éprouve des difficultés à l'attaque du quartier de Grenelle, mais elle s'en empare au moment où les troupes du général de Cissey, qui ont forcé la porte de Sèvres, viennent la rejoindre.

La brigade Bocher, de la division Susbielle, formant la tête de la colonne d'attaque du corps de Cissey, s'était massée, vers minuit, à 200 mètres de l'enceinte. Les sapeurs du génie s'approchent en silence de la porte de Sèvres, et établissent, avec des madriers disposés en rampe, un étroit passage, par lequel pénètre, homme par homme, une compagnie du 18e bataillon de chasseurs. Ce petit détachement s'élance sur le chemin de fer de ceinture et s'empare de cette deuxième enceinte avant que l'éveil soit donné.

Il était deux heures et demie; la double enceinte sur la rive gauche se trouvait forcée, et les troupes de la brigade Bocher pouvaient ouvrir la porte de Versailles.

Les positions du Trocadéro et de la Muette, sur la rive droite, étant enlevées, la division Bruat, et la tête du corps du général de Cissey, occupant déjà une partie du quartier de Grenelle sur la rive gauche, le maréchal, dont le quartier général venait d'être transporté au Trocadéro, avait à régler la suite à donner aux opérations.

Le quartier général est établi au Trocadéro. 22 mai 1871.

Les insurgés, qui avaient établi de nombreuses barricades, dont plusieurs étaient armées d'artillerie, à tous les carrefours principaux et près des portes, se défendaient encore avec énergie. Leurs principaux points de résistance paraissaient être Montmartre, la place de la Concorde, les Tuileries, la place Vendôme et l'Hôtel de ville.

N'ayant pas l'espoir de pouvoir enlever ces positions dans la journée, le maréchal donne les instructions nécessaires pour occuper, s'il est possible, avant la nuit, des points qui lui permettent de les tourner dans la journée du lendemain.

Le corps du général Douay, à droite, doit occuper, le soir, le palais de l'Industrie, le palais de l'Élysée et le ministère de l'intérieur.

Dispositions pour la journée du 22.

Le général Clinchant, sur sa gauche, cherchera à se rendre maître de la gare de l'Ouest, de la caserne de la Pépinière et du collége Chaptal.

Le général Ladmirault, suivant le chemin de fer

de ceinture, s'avancera jusqu'à la porte d'Asnières.

Sur la rive gauche, le général de Cissey doit chercher à s'emparer de l'École militaire et des Invalides, en les tournant par l'est, et, s'il est possible, de la gare Montparnasse.

Le général Vinoy laissera la division Bruat sur la rive gauche pour appuyer le mouvement du général de Cissey, qui a été obligé de laisser six bataillons à la garde des forts et des batteries du sud.

A la fin de la journée, cette division occupera les écuries de l'Empereur et la Manufacture des tabacs.

La division Faron, du général Vinoy, restera en réserve près du Trocadéro.

Telles étaient les principales dispositions adoptées pour la journée du 22.

Sur les six heures environ, après un instant de repos, les troupes, sur la rive droite, reprennent leur marche en avant. Les insurgés, revenus de leur première surprise, s'étaient portés aux batteries des buttes Montmartre, de la place de la Concorde et des Tuileries ; ils balayent bientôt de leurs projectiles la place du Trocadéro et le quai de Billy.

Le général Douay commence le mouvement en avant ; à droite, la division Vergé se dirige sur le palais de l'Industrie et sur celui de l'Élysée dont elle s'empare. Les divisions Berthaut et L'Hérillier tournent le rond-

Prise du rond-point de l'Étoile.

point de l'Étoile dont les défenses tombent entre leurs mains.

Le général Clinchant, formant un échelon un peu en arrière de la gauche du général Douay, enlève la formidable barricade de la place d'Eylau et s'empare de la porte Dauphine.

Les généraux Douay et Clinchant continuent ensuite leur mouvement.

Les divisions Berthaut et L'Hérillier (corps Douay) s'engagent dans les rues Morny et Abbatucci, et se portent sur la caserne de la Pépinière et l'église Saint-Augustin, dont elles s'emparent après une vive résistance. Elles enlèvent ensuite une forte barricade construite au débouché des rues d'Anjou et de Suresnes, dont elles ne peuvent approcher qu'en cheminant à travers les maisons et les jardins.

Le corps du général Clinchant enlève, par sa droite, la place Fontaine et le parc Monceaux, puis le collége Chaptal, la place d'Europe et la gare Saint-Lazare ; sa gauche s'empare des places Saint-Ferdinand, de Courcelle, de Wagram, fortement défendues, et enfin son extrême gauche, de la porte des Ternes, de la porte Bineau et de celle d'Asnières. *Prise de la gare Saint-Lazare.*

Le général Ladmirault appuie le mouvement de ces deux corps, et, avant la nuit, vient s'établir en arrière du chemin de fer de l'Ouest, sa gauche à la porte d'Asnières.

Le général Montaudon, qui était resté à la garde des positions de Neuilly et d'Asnières, apercevant le mouvement du 5º corps, se porte en avant avec la brigade Lefebvre, s'empare du rond-point d'Inkermann, du village de Levallois-Perret et de différentes batteries extérieures qu'il trouve armées de 105 pièces de canon; un de ses détachements occupe la porte Maillot.

Sur la rive gauche, la 2º brigade de la division Bruat, après avoir enlevé plusieurs barricades dans le quartier de Grenelle, doit appuyer le mouvement du général Vergé sur le palais de l'Industrie. Elle s'avance en longeant les quais, et s'empare du ministère des affaires étrangères et du palais législatif.

Les trois divisions du 2ᵉ corps, après avoir pénétré dans l'enceinte par les portes de Sèvres et de Versailles, exécutent les mouvements prescrits.

<small>Occupation du Champ-de-Mars et de l'École militaire.</small> La division Susbielle, formant trois colonnes, se porte, sans rencontrer de résistance, sur le Champ-de-Mars où elle débouche à sept heures du matin, après avoir enlevé la caserne Dupleix. L'École militaire ainsi tournée est bientôt occupée, presque sans coup férir. Un parc de 200 pièces de canon, d'énormes dépôts de poudre et des magasins considérables d'effets, de vivres et de munitions tombent entre nos mains.

Au centre, la division Lacretelle, après avoir enlevé brillamment les vastes bâtiments crénelés du collége des Jésuites, flanqués de fortes barricades, ainsi que les barricades qui protégent la mairie du 15ᵉ arrondissement, s'avance par les rues Lecourbe et Croix-Nivert jusqu'à la place Breteuil où elle s'établit.

A la droite, la division Levassor-Sorval s'avance en trois colonnes vers le chemin de fer de l'Ouest.

Le général Osmont, longeant les fortifications, enlève la porte de Vanves, et une forte barricade armée d'artillerie à l'intersection du chemin de fer de Ceinture et de la voie ferrée de l'Ouest. Le colonel Boulanger, à la tête du 114ᵉ de ligne, se dirige par les rues Dombasle et Vouillé, et s'établit sur la voie ferrée au sud de la gare des marchandises.

La brigade Lian, prenant la rue de Vaugirard, s'avance sans obstacle jusqu'au boulevard Vaugirard, et, de là, se porte rapidement en deux colonnes sur la gare Montparnasse, s'en empare et s'y fortifie.

Ainsi, à fin de la journée, sur la rive gauche, la ligne des postes avancés s'appuie à la Seine, au Corps législatif, passe par les Invalides, la place de Breteuil, forme saillant à la gare de l'Ouest, et vient, en suivant la voie ferrée, s'appuyer aux fortifications à la porte de Vanves.

Positions conquises à la fin de la journée.

L'enlèvement des buttes Montmartre constitue la grande opération de la journée.

Attaque des buttes Montmartre. 23 mai 1871.

Les hauteurs de Montmartre ayant la plus grande partie de leurs barricades et de leurs batteries dirigées au sud vers l'intérieur de Paris, le plan d'attaque consiste à tourner les défenses et à les enlever en cherchant à s'élever sur ces hauteurs par les côtés opposés. Le général Ladmirault doit attaquer par le nord et l'est; le général Clinchant, par l'ouest.

Les troupes d'attaque se mettent en mouvement à quatre heures du matin. La division Grenier, longeant les fortifications, débusque l'ennemi des bastions et enlève, avec le plus grand entrain, tous les obstacles. Arrivée à hauteur de la rue Mercadet, la brigade Abbatucci poursuit sa marche sur les boulevards Bessières et Ney, enlève les barricades de la porte Clignancourt, le pont du chemin de fer du Nord, et atteint la gare des marchandises, où elle tourne à droite, pour s'élever sur les buttes par les rues des Poissonniers et de Labat; elle atteint la rue Mercadet, et se trouve arrêtée dans un quartier hérissé de barricades entre le chemin de fer et le boulevard Ornano. La brigade Pradier, qui a suivi la rue Mercadet, avance lentement sous le feu plongeant des buttes et du cimetière Montmartre, où elle ne pénètre qu'après les plus grands efforts.

La division Laveaucoupet se prolonge le long des

fortifications et atteint les rues des Saules et du Mont-Cenis, par lesquelles elle doit aborder les hauteurs de Montmartre.

De son côté, le 5ᵉ corps (Clinchant), suivant le boulevard des Batignolles et les rues parallèles, s'empare de la mairie du 17ᵉ arrondissement, de la grande barricade de la place Clichy, et longeant le pied sud des buttes, franchit tous les obstacles et pénètre dans le cimetière par le sud, en même temps que les têtes de colonne du 1ᵉʳ corps y entrent par le nord.

A ce moment, les hauteurs de Montmartre se trouvent entourées au nord et à l'ouest par les troupes du 1ᵉʳ et du 5ᵉ corps. Une attaque générale a lieu par toutes les rues, qui, de ces deux côtés, gravissent les pentes.

Le corps Clinchant, s'élevant par la rue Lepic, s'empare de la mairie du 18ᵉ arrondissement.

La brigade Pradier, du 1ᵉʳ corps, à la tête de laquelle marchent les volontaires de la Seine, arrive la première à la batterie du Moulin de la Galette; bientôt après, une compagnie du 10ᵉ bataillon de chasseurs, soutenue par les attaques vigoureuses du général Wolff, plante le drapeau tricolore sur la tour de Solférino. Il était une heure.

Occupation des buttes Montmartre.

Nous étions maîtres de la grande forteresse de la Commune, du réduit de l'insurrection, position formidable d'où les insurgés pouvaient couvrir tout Paris de leurs feux. Plus de 100 pièces de canon et des approvisionnements considérables en armes et munitions tombent entre nos mains.

La division Montaudon du 1ᵉʳ corps, qui n'a point concouru à l'enlèvement des buttes, se dirige vers l'embarcadère du Nord et conquiert les barricades armées d'artillerie du boulevard d'Ornano et de la rue Myrrha.

Le corps Clinchant, de son côté, descendant les pentes de Montmartre, enlève la place Saint-Georges, Notre-Dame de Lorette et le collége Rollin.

Occupation de l'Opéra et de la Madeleine.

Pendant ce temps, le corps Douay, pivotant sur sa droite, se porte par sa gauche sur Notre-Dame de Lorette, enlève le carrefour de la rue Lafayette et de la rue du Faubourg-Montmartre, et, se rabattant par la rue Drouot sur le boulevard, prend la mairie du 9e arrondissement et le grand Opéra. Par sa droite, cheminant à travers les maisons et les jardins, il enlève avec de grandes difficultés la rue Royale et la place de la Madeleine.

Sur la rive gauche, le 2e corps exécute un grand mouvement de conversion sur sa gauche, de manière à tourner et envelopper toutes les défenses du quartier de l'Observatoire.

Le général Levassor-Sorval, après s'être emparé de la forte barricade du boulevard du Maine, à la jonction de la rue de Vanves, ainsi que du cimetière Montparnasse, porte ses efforts sur la place Saint-Pierre, où les insurgés s'abritent derrière une forte barricade armée d'artillerie. Tandis qu'un bataillon du 114e s'avance par la rue d'Alésia, un bataillon du 113e, longeant les remparts, s'empare du bâtiment d'octroi du bastion 79, tournant ainsi les barricades de la rue de Châtillon. Les insurgés, se voyant près d'être cernés, abandonnent leur formidable position et les 8 pièces de canon qui la défendent.

La place d'Enfer et le marché aux chevaux sont en même temps vigoureusement enlevés.

Pendant ce temps, les divisions Susbielle et Lacretelle ont gagné du terrain en avant.

Occupation du faubourg Saint-Germain.

Les troupes du général Lacretelle s'emparent de la caserne de Babylone, de l'Abbaye-aux-Bois et attaquent le carrefour de la Croix-Rouge, où l'ennemi se défend avec des forces considérables. On ne peut s'en rendre maître que bien avant la nuit.

De son côté, le général Bocher (division Susbielle) enlève vigoureusement les barricades des rues Martignac et Bellechasse, se rend maître de la rue Grenelle et de la caserne Bellechasse, où les insurgés éprouvent de grandes pertes.

Les fusiliers marins de la division Bruat et le 46° de ligne (brigade Bocher) se portent en avant en même temps par les rues de l'Université et de Grenelle, s'emparent du ministère de la guerre, de la direction du télégraphe, et de toutes les barricades jusqu'à la rue du Bac, et portent leurs têtes de colonne à Saint-Thomas-d'Aquin.

Dans la soirée, deux barricades de la rue de Rennes, qui tenaient la gare Montparnasse en échec, sont tournées et prises par la division Levassor-Sorval qui s'empare de la Maternité, de la rue Vavin, et pousse ses têtes d'attaque jusqu'aux abords du Luxembourg.

La ligne de bataille de l'armée, le 23 au soir, débordant, par ses ailes, le centre de Paris, formait un immense angle rentrant, avec son sommet à la place de la Concorde et les côtés appuyés, à gauche, à la gare des marchandises du Nord, et, à droite, au bastion 81, près de la porte d'Arcueil.

Incendies de Paris. 24 mai 1871.

La journée du 24 mai comptera parmi les plus sinistres dans l'histoire de Paris. C'est la journée des incendies et des explosions. Le ciel reste obscurci pendant tout le jour par la fumée et les cendres.

Déjà, la veille, un immense incendie dévorait le palais de la Légion d'honneur, la Cour des comptes et le conseil d'État; les Tuileries avaient brûlé toute la nuit, et, dès l'aube, l'incendie atteignait le Louvre et menaçait les galeries des tableaux.

Dans la matinée de nouveaux incendies se déclarent au ministère des finances, au Palais-Royal, dans la rue de Rivoli, dans la rue du Bac, au carrefour de la Croix-Rouge.

Le Palais de Justice, le Théâtre-Lyrique, l'Hôtel de ville sont livrés aux flammes quelques heures plus tard.

Tout le cours de la Seine, en amont du palais législatif, paraît en feu.

A l'horreur qu'inspirent ces immenses foyers viennent s'ajouter des explosions considérables dans les quartiers de la Sorbonne et du Panthéon.

Le maréchal donne des ordres pour qu'un grand effort soit fait sur le centre, afin de conjurer l'incendie des monuments enflammés et préserver du feu et des explosions ceux qui ne sont pas encore atteints, et surtout le Louvre.

Dans ce but, le corps de Cissey a pour mission de s'emparer du Luxembourg et de la forte position du Panthéon, clef de tout le quartier des Écoles.

Dès le point du jour, la division Bruat se porte en avant, balaye tout ce qui est devant elle entre la Seine et la rue Taranne, et s'empare successivement de l'École des Beaux-Arts, de l'Institut, de la Monnaie, des barricades de la rue Taranne et lance ses fusiliers marins vers le Luxembourg.

Pendant ce temps, les brigades Bocher et Paturel, du corps Cissey, se dirigent, par les rues d'Assas et Notre-Dame-des-Champs, de manière à tourner l'édifice par l'ouest et le sud.

<small>Prise Luxembourg.</small>
Au signal de la charge, ces troupes, formant trois colonnes, se précipitent sous une grêle de balles et s'emparent du Luxembourg, sous le feu des canons des barricades de la rue Soufflot.

Pour assurer la possession du palais, le 17e bataillon de chasseurs à pied traverse en courant le boulevard, enlève vaillamment la première barricade de la rue Soufflot et débusque les insurgés des rues Cujas et Malebranche.

A la droite, la division Levassor-Sorval s'empare du parc de Montsouris, de l'asile des aliénés, opère un changement de front en avant sur la gauche, et se dirige de manière à tourner le Panthéon par l'est. Elle enlève le Val-de-Grâce, atteint la rue Mouffetard et tourne à gauche pour marcher droit sur le Panthéon.

A l'aile gauche, la division Lacretelle, qui a pour mission de s'emparer du boulevard Saint-Germain et de déborder le Panthéon par le nord, enlève une barricade rue de Rennes, et poursuit sa marche à travers la place et la rue Saint-Sulpice, les rues Racine et de l'École-de-Médecine. Les colonnes atteignent le boulevard sans le dépasser. Vers quatre heures, notre artillerie ayant éteint le feu des batteries des insurgés établies au pont Saint-Michel, la division Lacretelle franchit le boulevard et s'empare de la place Maubert et du lycée Louis-le-Grand.

<small>Prise Panthéon.</small>
Les trois divisions du corps Cissey marchent alors vigoureusement en avant sur le Panthéon ; les insurgés,

menacés de tous les côtés, prennent la fuite, laissant sur le terrain un grand nombre des leurs.

Sur la rive droite, la division Berthaut (corps Douay) se porte vers deux heures du matin sur la place Vendôme, s'en empare presque sans coup férir, enlève le Palais-Royal, et dirige ses efforts sur les Tuileries, afin d'arrêter les progrès de l'incendie, et sur le Louvre, pour préserver des flammes les richesses artistiques qu'il renferme. *Occupation du Palais-Royal et de la Bourse.*

La division L'Hérillier s'élançait de son côté rapidement sur la Banque, s'y établissait solidement et poussait ses têtes de colonne à la Bourse, à la direction des postes et à l'église Saint-Eustache.

La division Vergé (corps Vinoy), après avoir porté ses efforts sur l'incendie du Louvre, dépassait l'église Saint-Germain-l'Auxerrois, et, vers neuf heures du soir, la brigade Daguerre atteignait la place de l'Hôtel-de-Ville et s'emparait de la caserne Lobau.

Le corps Clinchant a l'ordre d'occuper par sa droite la place de la Bourse, et de se relier par sa gauche avec le 1er corps vers le Château-d'Eau.

La division Garnier, franchissant tous les obstacles, enlève le Conservatoire de musique, l'église Saint-Eugène, le Comptoir d'escompte, traverse le boulevard Montmartre, touche à la Bourse, tourne à gauche, vient s'emparer du formidable ouvrage de la Porte-Saint-Denis, et porte ses avant-postes jusqu'au boulevard de Strasbourg.

La division Duplessis, marchant droit devant elle, enlève le square Montholon, l'église Saint-Vincent-de-Paul, la caserne de la Nouvelle France et la barricade au carrefour du boulevard Magenta et de la rue de Chabrol.

Le corps Ladmirault a pour objectif l'occupation des gares du Nord et de l'Est.

La division Montaudon, chargée de cette opération, quitte son bivouac de la porte Clignancourt à six heures et demie, et se met en marche sur deux colonnes ; le 31ᵉ de ligne qui tient la tête de colonne achève la conquête du pâté de maisons qui domine la gare des marchandises, et après avoir tourné, par l'église Saint-Bernard, les barricades de la rue Stephenson, il se trouve maître de la gare du Nord vers midi et demi. Le 36ᵉ de marche, qui doit occuper la gare du Nord, ne peut en approcher qu'en cheminant à travers les maisons et les jardins. Il arrive avec de grandes difficultés à la hauteur de la rue de Dunkerque, se jette sur la barricade qui protége l'accès de la gare, s'en empare ainsi que des mitrailleuses qui la défendent, et pénètre de vive force dans la gare.

Les troupes de la division Grenier, qui doivent appuyer celles de la division Montaudon, et les relier au corps Clinchant, viennent occuper, à l'intersection des boulevards Ornano et Rochechouart, un fort ouvrage sur lequel les insurgés font un retour offensif, qui est vigoureusement repoussé. La brigade Abbatucci gagne alors la gare du Nord, tandis que la brigade Pradier enlève une forte barricade dans la rue Lafayette, près de Saint-Vincent-de-Paul, où elle s'établit.

La division Laveaucoupet occupe les hauteurs de Montmartre, et travaille aux batteries destinées à combattre celles des insurgés sur les buttes Chaumont.

Dans la soirée du 24, nous sommes maîtres de plus de la moitié de Paris et des grandes forteresses de la Commune, telles que Montmartre, la place de la Concorde, l'Hôtel de ville et le Panthéon. Le front de bataille forme une ligne à peu près droite, s'étendant depuis les gares des chemins du Nord et de l'Est, jusqu'au parc de Montsouris.

Le maréchal avait porté, dès le matin, son quartier général au ministère des affaires étrangères.

Le but principal des opérations dans cette journée est de faire un mouvement en avant par l'aile droite, de s'emparer de la butte aux Cailles sur la rive gauche, et, sur la rive droite, de la place de la Bastille et du Château-d'Eau, de manière à refouler l'insurrection dans les quartiers de Ménilmontant et Belleville.

Plan d'opérations dans la journée du 25 mai 1871.

A l'extérieur de Paris, le lieutenant-colonel Leperche, avec quelques détachements du 2ᵉ corps, a continué l'investissement du fort de Montrouge; il s'en empare, ainsi que du fort de Bicêtre dans la matinée. En même temps une reconnaissance du corps du Barail occupe la redoute des Hautes-Bruyères et Villejuif.

Prise des forts de Montrouge, de Bicêtre et d'Ivry.

Vers deux heures, à la suite du désordre produit dans le fort d'Ivry par l'explosion de la poudrière, un détachement du 4ᵉ dragons, vigoureusement appuyé par deux escadrons du 7ᵉ régiment de chasseurs, se lance rapidement à l'assaut du fort et s'en rend maître.

L'insurrection sur la rive gauche, dans l'intérieur de Paris, se trouve concentrée sur la place d'Italie et la butte aux Cailles, où elle semble décidée à opposer la plus vive résistance.

Le général de Cissey donne des ordres pour prendre à revers ces positions en les tournant à droite et à gauche par les fortifications.

Pour favoriser cette attaque, des batteries destinées à battre ces positions avaient été établies dans la nuit au bastion 81, à l'Observatoire et sur la place d'Enfer.

Les colonnes se mettent en mouvement vers midi.

A la droite, la brigade Lian quitte le parc de Montsouris, et, se frayant un passage entre le chemin de fer de Ceinture et les fortifications, enlève successivement toutes les portes, qu'elle fait occuper, atteint le pont Napoléon, qu'elle masque, tourne à gauche, en suivant le remblai du chemin de fer d'Orléans et s'empare de la gare aux marchandises. La brigade Osmont se déploie à l'abri de l'asile Sainte-Anne, franchit la Bièvre, se lance à l'assaut de la butte aux Cailles, à travers les enclos et les jardins, occupe l'avenue d'Italie et la route de Choisy.

Au centre, la brigade Bocher, formée en trois colonnes, débouche par la rue Corvisart, les boulevards Arago et de Port-Royal, enlève les Gobelins que les insurgés incendient en les abandonnant, prend la barricade du boulevard Saint-Marcel, et arrive à la mairie du 13e arrondissement en même temps que le général Osmont. Les insurgés, attaqués de front et de flanc, s'enfuient en désordre, laissant en nos mains 20 canons, des mitrailleuses et des centaines de prisonniers. Le général Bocher continue sa marche par les boulevards de l'Hôpital et de la Gare, et atteint les insurgés dans leur dernier refuge, derrière une forte barricade, sur la place Jeanne-d'Arc. Ils se rendent tous à discrétion au nombre de sept cents.

A la gauche, le général Lacretelle se porte en avant, par le sud de la Halle-aux-Vins, franchit le Jardin des Plantes et arrive à la gare d'Orléans déjà occupée par la division Bruat. L'armée de réserve (général Vinoy) se met en mouvement à huit heures du matin, en trois masses principales. A droite, la division Bruat quitte la rue Saint-André-des-Arts, et, longeant les quais, traverse la Halle-aux-Vins, pénètre dans le Jardin des Plantes et enlève avec beaucoup d'entrain la gare d'Orléans. Au centre, la brigade La Mariouse suit les quais de la rive droite, atteint, par le quai Morland, le Grenier d'abondance que les insurgés incendient en l'abandonnant. Elle ne peut franchir le canal de l'Arsenal, dont la chaussée est balayée à la fois par une batterie du boulevard Bourdon et par les ouvrages du pont d'Austerlitz.

Occupation de la gare d'Orléans.

Alors le génie construit, sous la protection de la flottille, une passerelle sur le canal près du fleuve ; le 35ᵉ de ligne, franchissant le canal sur cette passerelle, passe sous le pont d'Austerlitz, monte sur le quai de la Râpée et s'empare des défenses du pont d'Austerlitz. Le pont de Bercy est en même temps enlevé, et, à la nuit, la gare du chemin de fer de Lyon et la prison de Mazas sont occupées.

Occupation de la gare de Lyon et de la prison Mazas.

A la gauche, la division Vergé, qui est rentrée sous le commandement du général Vinoy, doit tourner la place de la Bastille par le nord : elle enlève brillamment les barricades des rues Castex, de la Cerisaie et de Saint-Antoine, s'empare de la place Royale, mais, vu l'heure avancée, ne peut terminer son mouvement tournant et s'emparer de la Bastille.

Dans cette journée, la flottille prête un appui des plus efficaces aux colonnes de l'armée de réserve qui combattent sur les deux rives de la Seine.

Dans la soirée du 24, les canonnières avaient tiré quelques coups de canon sur les barricades des quais. Le 25, elles remontent la Seine juqu'à la hauteur des têtes d'attaque, battent le quai des Célestins et ceux de la Cité ; peu après, devançant les colonnes, elles marchent à toute vitesse en tirant à mitraille, et viennent s'établir à 100 mètres du musoir du canal Saint-Martin, prenant d'écharpe toute la ligne d'insurgés qui se pressent sur les quais, et contre-battant les défenses du canal. Aussitôt le pont d'Austerlitz enlevé, les canonnières, précédant les colonnes, remontent jusqu'au delà du pont de Bercy dont elles facilitent l'occupation.

Le corps Douay appuie le mouvement du corps Clinchant sur le Château-d'Eau ; à cet effet, il s'empare de l'Imprimerie nationale, enlève les barricades des rues Charlot et de Saintonge, et s'avance jusque sur le boulevard du Temple près duquel il bivouaque, entretenant toute la nuit un feu des plus vifs avec les insurgés.

Prise de la place du Château-d'Eau.

Le corps Clinchant est chargé de l'attaque de la place du Château-d'Eau. Les vastes bâtiments de la caserne du Prince-Eugène et des Magasins-Réunis étaient reliés par une grande et solide barricade. Cette fortification couvrait, avec la Bastille, le quartier de Belleville et les Buttes-Chaumont, dernier refuge de l'insurrection. Toutes les forces du corps Clinchant concourent à son enlèvement.

La brigade de Courcy quitte la rue du Faubourg-Poissonnière à quatre heures du matin, s'avance entre le boulevard et la rue Paradis, établit des batteries près de l'église Saint-Laurent et dans la rue du Château-d'Eau pour combattre celles des insurgés, et conquiert successivement la mairie du 10e arrondissement, le théâtre des Folies-Dramatiques, les barricades du boulevard, celles de la rue du Château-d'Eau, franchit le boulevard Magenta, et s'établit dans les maisons de la rue Magnan; de là elle se précipite sur la porte de la caserne du Prince-Eugène, dans la rue de la Douane; la porte est enfoncée par le génie, et la tête de colonne (2ᵉ provisoire) s'élance dans l'intérieur et s'en rend maîtresse.

<small>Prise de la caserne du Prince-Eugène.</small>

La brigade Blot, appuyant l'attaque de la brigade de Courcy, se porte d'abord droit devant elle, enlève brillamment la double barricade du carrefour des boulevards Magenta et de Strasbourg, s'empare de l'église Saint-Laurent, de l'hôpital Saint-Martin, de la barricade de la rue des Récollets, tourne alors à droite, et, après avoir délogé les insurgés des barricades du quai Valmy et de la rue Dieu, s'empare de l'entrepôt de la douane.

Pendant ce temps la division Garnier, qui a bivouaqué à la Bourse et dans la rue des Jeûneurs, s'avance par les rues parallèles au boulevard, et se porte sur l'église Saint-Nicolas des Champs, poste avancé du Château-d'Eau.

Les troupes prennent d'assaut ou en les tournant toutes les barricades, dans les rues Montorgueil, des Deux-Portes-Saint-Sauveur, des Gravilliers, au carrefour des rues Turbigo et Réaumur, enlèvent les barricades des rues Meslay, de Notre-Dame de Nazareth et du Vertbois, entourent l'église de Notre-Dame des Champs, qui tombe en nos mains, en même temps que le Conservatoire des Arts et Métiers, entraînant dans leur chute le marché Saint-Martin et son parc d'artillerie, l'école Turgot, le marché et le square du Temple et de nombreuses barricades dans les rues voisines.

<small>Prise du Conservatoire des Arts et Métiers.</small>

La tête de colonne de la brigade de Brauer pousse jusqu'au boulevard du Temple, et le 14ᵉ provisoire s'empare du passage Vendôme et du théâtre Déjazet. Dans la nuit, le 2ᵉ provisoire (brigade de Courcy) pénètre dans les Magasins-Réunis.

Occupation des Magasins-Réunis.

Le corps de Ladmirault, qui doit concourir à l'attaque des Buttes-Chaumont, prépare son mouvement en cherchant à occuper les principaux points de passage du canal Saint-Martin, et en se prolongeant par sa gauche le long des fortifications; il s'empare dans ce but, à droite, de l'usine à gaz, de l'école professionnelle et des abords de la rotonde de la Villette, et, à gauche, des bastions 36, 35, 34 et 33.

Dans la soirée du 25 mai, toute la rive gauche était en notre pouvoir, ainsi que les ponts de la Seine; la prison de Mazas et le Château-d'Eau étaient enlevés, la Bastille et la rotonde de la Villette menacées.

Plan d'opérations. 26 mai 1871.

Les opérations de la journée doivent être dirigées de manière à repousser les insurgés entre les fortifications, le canal de l'Ourcq, le canal Saint-Martin, le boulevard Richard-Lenoir, la place de la Bastille, la rue du Faubourg-Saint-Antoine, la place du Trône et le cours de Vincennes, de façon à ce que, dans la journée du 27, les corps des ailes, c'est-à-dire ceux des généraux Ladmirault et Vinoy, puissent, en longeant la ligne des fortifications, venir s'emparer des hauteurs qui, près des portes des Prés-Saint-Gervais, de Romainville et de Ménilmontant, dominent toutes ces positions occupées par les insurgés, c'est-à-dire les Buttes-Chaumont, le cimetière du Père-Lachaise et les barricades des boulevards extérieurs de Belleville, Ménilmontant et Charonne.

De ces hauteurs, les troupes de ces deux corps doivent descendre sur les positions des insurgés et s'en emparer successivement, en les repoussant sur la ligne occupée par les corps du centre (Douay et Clinchant).

L'armée du général Vinoy doit s'emparer de la Bastille et de la place du Trône en exécutant un changement de front sur son aile gauche, pendant que les corps Douay et Clinchant s'établiront sur la ligne du canal Saint-Martin, et que le corps Ladmirault s'étendra par sa gauche le long des fortifications.

La place de la Bastille étant inabordable par les boulevards et les rues de l'ouest, doit être tournée par l'est. Le général Derroja est chargé de cette opération, qu'il doit exécuter en profitant du remblai du chemin de fer de Vincennes. A cet effet, la brigade Derroja se porte à deux heures du matin, par le quartier de Bercy, jusqu'à l'embarcadère de Bel-Air, enlève le poste-caserne du bastion n° 8, tourne à gauche, et, suivant la voie ferrée, où elle est assaillie par un feu violent sur son flanc droit, gagne la gare de Vincennes dont elle s'empare.

De son côté, la brigade La Mariouse, secondée par la brigade Langourian, enlève les barricades de l'avenue Lacuée et du boulevard Mazas, à l'ouest du chemin de fer, et atteint la rue du Faubourg-Saint-Antoine, par les rues barricadées entre les hospices Eugénie et des Quinze-Vingts. Pendant ce temps, la division Vergé, franchissant le boulevard Beaumarchais, enlève brillamment les barricades des rues de la Roquette, de Charonne et du Faubourg-Saint-Antoine. Toutes les défenses de la place de la Bastille se trouvent ainsi tournées, et les insurgés qui ne sont pas tués ou pris se réfugient vers la place du Trône.

Maître de la Bastille, le général Vinoy dirige, vers

Prise de la Bastille.

deux heures, ses colonnes d'attaque sur la place du Trône.

Attaque de la lace du Trône. La brigade La Mariouse, suivant la rue Érard et le boulevard Mazas, se trouve arrêtée par l'ennemi, solidement établi dans la caserne Reuilly et derrière une formidable barricade construite à l'intersection des rues de Reuilly et du Faubourg-Saint-Antoine. Le 35ᵉ de ligne enlève avec vigueur la caserne, mais ne peut s'emparer de la barricade qu'après l'avoir contre-battue avec de l'artillerie.

La brigade Derroja, quittant la voie ferrée, se porte sur la place du Trône par le boulevard Mazas et la rue Picpus. La brigade Bernard de Seigneurens, suivant les quais de la Râpée, se dirige par les boulevards de Bercy, de Reuilly et de Picpus. Enfin la brigade Grémion occupe les postes des fortifications, depuis la Seine jusqu'à la porte de Vincennes. Vers huit heures du soir, les insurgés, résolûment abordés par les brigades Derroja et Bernard de Seigneurens, sont délogés de la place du Trône, mais nos soldats, exposés au feu des batteries placées près de la mairie du 11ᵉ arrondissement, ne peuvent s'y maintenir et bivouaquent dans les rues voisines.

Le corps Douay, dont les troupes bordent les boulevards du Temple, des Filles-du-Calvaire et Beaumarchais, franchit vaillamment cette ligne sous une pluie de balles et se rend maître, après une lutte acharnée, du grand triangle formé par la ligne des boulevards et par le boulevard Richard-Lenoir.

Le général Leroy de Dais est frappé mortellement. C'est en dirigeant sa tête d'attaque, que le général Leroy de Dais est frappé mortellement dans la rue Saint-Sébastien.

Le corps Clinchant s'empare au point du jour du théâtre du Prince-Impérial et du cirque Napoléon, et, cheminant à travers les maisons, il s'établit le long du canal. Ses troupes supportent bravement toute la journée un feu violent d'artillerie venant des Buttes-Chaumont et du Père-Lachaise.

Le corps Ladmirault, à la gauche, achève de préparer son mouvement sur les Buttes-Chaumont : dans ce but, il s'empare des barricades des rues Riquet, de Flandre et de Kabylie, qui assurent la possession de la place de la Rotonde, dont les insurgés sont débusqués, après avoir toutefois incendié la raffinerie de sucre et les magasins de la douane. La brigade Dumont, se prolongeant vers la gauche, conquiert la ligne du canal Saint-Denis, enlève les bastions 29, 28, 27 et 26, et atteint l'abattoir général.

La ligne de bataille de l'armée forme, dans la soirée, une demi-circonférence, s'étendant de la porte de Vincennes à la porte du canal de l'Ourcq, en suivant la rue du Faubourg-Saint-Antoine, le boulevard Richard-Lenoir, le canal Saint-Martin et le bassin de la Villette.

Les insurgés, chassés de leurs positions de la place du Trône, de la Bastille, du Château-d'Eau et de la rotonde de la Villette, se sont réfugiés sur les Buttes-Chaumont et les hauteurs du Père-Lachaise.

<small>Attaque des Buttes-Chaumont 27 mai 1871.</small>

Leurs batteries dirigent un feu violent sur notre ligne de bataille, mais depuis trois jours la batterie de Montmartre répond à leur feu, balaye les buttes de ses projectiles, et prépare ainsi l'attaque des dernières positions de l'insurrection.

Pendant que les corps Douay et Clinchant se tiendront sur la défensive sur le boulevard Richard-Lenoir et sur le canal, le corps Ladmirault et l'armée de réserve attaqueront les positions des insurgés en les enveloppant par l'est.

Les Buttes-Chaumont et les hauteurs du Père-Lachaise forment deux contre-forts qui ont leur origine à l'est, près des remparts, entre les portes de Romainville et de Ménilmontant. C'est vers ce point, qui domine les buttes et le sommet du Père-Lachaise de 25 à 30 mètres, que l'aile gauche du corps Ladmirault et l'aile droite de l'armée de réserve (général Vinoy) devront se réunir pour se porter ensemble à l'ouest, sur les positions des insurgés.

A cet effet, le 1er corps (général Ladmirault) se dirigera vers les Buttes-Chaumont, en formant des échelons, l'aile gauche en avant. La colonne formant l'échelon de gauche suivra la rue militaire, le long des fortifications; les autres colonnes ne devront se mettre en mouvement que successivement, lorsque l'échelon qui les précède aura enlevé les hauteurs qui sont à leur gauche.

L'armée de réserve (général Vinoy) exécutera une opération semblable, l'aile droite en avant : l'échelon de droite suivra les boulevards Davoust et Mortier, le long des remparts, pour venir se joindre à l'échelon tête de colonne du corps de Ladmirault, sur les hauteurs indiquées, entre les rues de Belleville et de Ménilmontant.

Les colonnes des ailes marchantes du corps Ladmirault et de l'armée de réserve (général Vinoy) étant réunies, tous les échelons exécuteront un mouvement de conversion vers l'ouest, de manière à envelopper les insurgés, et à les rejeter vers le canal Saint-Martin et le boulevard Richard-Lenoir.

La division Grenier, qui forme l'aile gauche du corps Ladmirault, se met en mouvement à six heures et demie: l'échelon de gauche franchit le canal de l'Ourcq, s'empare du poste-caserne du bastion 26, enlève la porte de Pantin, et se rend maître des bastions 24, 23 et 22.

Les échelons en arrière de cette division s'emparent des barricades de la rue de Flandre : la compagnie d'éclaireurs, lieutenant Muller, enlève brillamment la mairie du 19e arrondissement et l'église Saint-Jacques.

Les troupes entretiennent alors une vive fusillade contre l'ennemi embusqué dans les jardins et les maisons de Belleville, pendant que des batteries établies dans les bastions 25 et 24, sur la voie ferrée, et en avant du marché aux bestiaux, canonnent les hauteurs de Belleville.

La division Montaudon, qui forme les échelons de droite, se met en mouvement à onze heures.

La brigade Dumont tourne le bassin de la Villette en franchissant la place de la Rotonde, enlève les barricades de la rue d'Allemagne, et s'établit au marché de la rue de Meaux.

La brigade Lefebvre, à l'aile droite, se concentre dans les rues de la Butte-Chaumont et du Terrage, franchit à son tour le canal sous une grêle de balles, enlève la grande barricade du rond-point et celle de la rue des Écluses-Saint-Martin, et atteint le boulevard de la Villette par les rues Grange-aux-Belles, Vicq-d'Azir et de la Chopinette.

Il était six heures ; à ce moment, les brigades Lefebvre, Dumont et Abbatucci sont rangées en demi-cercle au pied des Buttes-Chaumont ; la brigade Pradier s'est élevée jusqu'au bastion 21, où l'artillerie a monté une mitrailleuse et une pièce de 12, prenant les buttes à revers. La charge est sonnée, nos troupes s'élancent à l'assaut et couronnent bientôt les hauteurs, s'emparant des carrières d'Amérique, des hauteurs de Belleville et du sommet des Buttes-Chaumont, où la tête de colonne du régiment étranger plante le drapeau tricolore.

La prise des Buttes-Chaumont fait tomber en nos mains une artillerie nombreuse et une grande quantité de munitions.

De son côté, l'armée de réserve se met en mouvement, mais n'avance qu'avec difficulté.

La brigade La Mariouse se porte en avant, le long des fortifications. La brigade Derroja reste en réserve sur le cours de Vincennes. La brigade Bernard de Seigneurens, formant des échelons en arrière, s'avance par la rue Puebla et enlève toutes les barricades. Un bataillon du 1er régiment d'infanterie de marine s'avance contre une barricade qui l'inquiète et se laisse entraîner jusqu'au Père-Lachaise, où il rencontre une défense énergique ; mais il est soutenu par deux bataillons de sa brigade et par un régiment de la division Faron, et parvient à se maintenir dans le cimetière et à s'en rendre maître. La brigade Langourian remonte jusqu'à la place du Trône où elle assure les derrières en procédant au désarmement des quartiers environnants.

Occupation du Père-Lachaise.

L'armée de réserve rencontre de grandes difficultés. La place Voltaire est fortifiée d'une manière formidable, et l'artillerie des insurgés tire à mitraille sur la place du Trône. Le général Faron fait contre-battre ce réduit de l'insurrection par le feu de six pièces établies sur la place du Trône.

Le général La Mariouse, continuant ses mouvements par la route militaire, se rend maître de la porte de Bagnolet et de la mairie du 20ᵉ arrondissement.

Les corps Douay et Clinchant se consolident pendant ce temps dans leurs positions le long du boulevard Richard-Lenoir et du canal Saint-Martin, et établissent des batteries pour enfiler les principaux débouchés par lesquels les insurgés pourraient franchir la ligne de bataille.

Le corps Douay dirige de la place de la Bastille un feu d'artillerie très-actif sur la mairie du 11ᵉ arrondissement et sur l'église Saint-Ambroise.

Ainsi, dans la soirée du 27, l'armée est maîtresse des Buttes-Chaumont et du cimetière du Père-Lachaise. La ligne de bataille forme les trois quarts d'un cercle, l'aile gauche appuyée au bastion 21, et l'aile droite à la porte Bagnolet.

Le général de Cissey procède au désarmement de la population sur la rive gauche.

L'armée de réserve et le corps Ladmirault continuent leur marche enveloppante. Les colonnes qui longent les fortifications doivent se rejoindre et se rabattre vers l'ouest pour enlever de concert les positions que l'insurrection occupe encore.

28 mai 1871.

Les corps Douay et Clinchant, se tenant sur une vigoureuse offensive, ont pour mission de repousser les insurgés qui, refoulés des hauteurs, se porteraient vers l'intérieur de Paris.

Les troupes du général Vinoy se mettent en marche à quatre heures du matin. La brigade La Mariouse suit le boulevard Mortier le long des remparts, atteint la porte de Romainville, enlève une forte barricade dans la rue Haxo, et prend 2,000 insurgés ainsi qu'un matériel d'artillerie considérable. La brigade Derroja se dirige par le boulevard de Charonne vers le cimetière du Père-Lachaise occupé par la brigade de Seigneurens, enlève vigoureusement les barricades des rues des Amandiers et de Tlemcen et des Cendriers, de Ménilmontant, et occupe par sa droite la place de Puebla.

Prise la Roquette.

La brigade Langourian, traversant la place du Trône, suit l'avenue Philippe-Auguste, enveloppe la prison de la Roquette, à cinq heures du matin, et délivre les otages au nombre de 169. Les insurgés en avaient malheureusement fusillé 64 l'avant-veille.

La brigade Langourian descend alors la rue de la Roquette, s'empare de la mairie du 11ᵉ arrondissement, pousse ses têtes de colonne sur l'avenue du Prince-Eugène pour se relier avec le corps Douay sur le boulevard Richard-Lenoir, et sauve de la destruction l'église Saint-Ambroise en coupant des fils qui doivent communiquer le feu aux poudres qu'elle renferme.

De son côté, le corps Ladmirault poursuit sa marche en avant. Le général Grenier se dispose à attaquer le bastion 19 lorsqu'il aperçoit à son sommet le drapeau tricolore que la division Faron vient d'y arborer. Les deux divisions font alors leur jonction et se rabattent vers l'ouest.

es insurgés acculés dans urs derniers ranchements.

Dès lors les insurgés, acculés dans leurs derniers retranchements, entourés et attaqués de tous les côtés, sont forcés de se rendre ou de se faire tuer.

Les insurgés sont débusqués des rues des Bois et des

Prés-Saint-Gervais. A dix heures, l'église de Belleville est enlevée ainsi que la partie haute de la rue de Paris, et successivement toutes les fortes barricades de cette rue. Un grand nombre de prisonniers et un matériel considérable d'artillerie tombent en nos mains. L'hôpital Saint-Louis est pris, et, peu après, la grande barricade du faubourg du Temple.

Il était trois heures de l'après-midi ; toute résistance avait cessé ; l'insurrection était vaincue. Fin de la lutte.

Le fort de Vincennes restait seul au pouvoir des insurgés, qui, sommés de se rendre dans la matinée du 29, se constituent prisonniers à dix heures du matin.

En résumé, l'armée réunie à Versailles avait, en un mois et demi, vaincu la plus formidable insurrection que la France ait jamais vue. Nous avions accompli des travaux considérables, creusé près de 40 kilomètres de tranchées, élevé 80 batteries armées de 350 pièces de canon. Nous nous étions emparés de cinq forts armés d'une manière formidable, et défendus avec opiniâtreté, ainsi que de nombreux ouvrages de campagne. Résumé.

L'enceinte de la place avait été forcée et l'armée avait constamment avancé dans Paris, enlevant tous les obstacles, et, après huit jours de combats incessants, les grandes forteresses de la Commune, tous ses réduits, toutes ses barricades étaient tombés en notre pouvoir.

L'incendie des monuments avait été conjuré ou éteint, et d'épouvantables explosions avaient été prévenues.

L'insurrection avait subi des pertes énormes ; nous avions fait 25,000 prisonniers, pris 1,500 pièces de canon et plus de 400,000 fusils. Pertes des insurgés.

Les guerres de rue sont généralement désastreuses et excessivement meurtrières pour l'assaillant; mais nous avions tourné toutes les positions, pris les barricades à revers, et nos pertes, quoique sensibles, ont été relativement minimes, grâce à la sagesse et à la prudence de nos généraux, à l'élan, à l'intrépidité des soldats et de leurs officiers.

Pertes de l'armée.   Les pertes, pour toute la durée des opérations, s'élèvent à :

	OFFICIERS		TROUPE		
	Tués.	Blessés.	Tués.	Blessés.	Disparus.
Officiers généraux et d'état-major.	5	10	»	»	»
Infanterie.	63	353	698	5201	162
Infanterie de marine et fusiliers marins.	»	7	14	235	»
Équipages de la flottille et canonniers marins.	1	3	5	32	»
Cavalerie.	1	4	3	48	7
Artillerie.	6	35	41	318	8
Génie.	5	8	20	163	3
Intendance et troupes d'administration.	»	»	1	11	3
Prévôté et gendarmerie.	2	10	12	16	»
Totaux.	83	430	794	6024	183

Dans ces diverses opérations, les troupes de toutes armes ont rivalisé de bravoure et de dévouement.

Le génie, dans l'attaque des forts, a fait ce qui ne s'était pas vu jusqu'ici. Afin de bloquer les assiégeants, il a dirigé ses tranchées de manière à envelopper complétement les ouvrages.

L'artillerie, bien que le feu de la place ne fût point

éteint, est venue établir ses batteries à quelques centaines de mètres des remparts.

L'infanterie a partout attaqué les positions avec intelligence et sans hésitation.

Les marins de la flotte ont montré une vigueur et un entrain remarquables.

La cavalerie, par sa vigilance, a rejeté constamment les insurgés dans la place; en plusieurs circonstances, elle a mis pied à terre pour enlever des positions.

L'intendance est parvenue à ravitailler largement les divisions, même dans Paris; les troupes à sa disposition se sont fait remarquer dans le transport des blessés et par les soins donnés dans les ambulances.

La télégraphie civile a été à la hauteur de ses fonctions, et a constamment relié le grand quartier général avec les quartiers généraux des corps d'armée et des divisions.

J'ai eu également à me louer du service du trésor et des postes qui s'est fait régulièrement.

FIN.

www.ingramcontent.com/pod-product-compliance
Lightning Source LLC
LaVergne TN
LVHW022212080426
835511LV00008B/1720